Ute Bendt | Claudia Erler

Willkommen in der Krippe!

Praxis-Tipps und Materialien zur Eingewöhnung

Verlag an der Ruhr

Impressum

Titel
Willkommen in der Krippe!
Praxis-Tipps und Materialien zur Eingewöhnung

Autorinnen
Ute Bendt / Claudia Erler

Titelbildmotive; Fotos im Innenteil
Ute Bendt / Claudia Erler; innen: Ute Bendt, Igor Zakowski, fotolia (S. 16) , Familie Voigt, Rostock (S. 22)

Illustrationen
Ole Bendt, Eric Bendt, Ute Bendt

Innengestaltung
LemmeDESIGN, Berlin

Verlag an der Ruhr
Mülheim an der Ruhr
www.verlagruhr.de

Geeignet für Kinder von 1 – 3 Jahren

Unser Beitrag zum Umweltschutz
Wir sind seit 2008 ein ÖKOPROFIT®-Betrieb und setzen uns damit aktiv für den Umweltschutz ein.
Das ÖKOPROFIT®-Projekt unterstützt Betriebe dabei, die Umwelt durch nachhaltiges Wirtschaften zu entlasten.
Unsere Produkte sind grundsätzlich auf chlorfrei gebleichtes und nach Umweltschutzstandards zertifiziertes Papier gedruckt.

ISBN 978-3-8346-0851-2

Printed in Germany

Unter www.verlagruhr.de/60851 können Sie sich die in diesem Buch vorhanden Kopiervorlagen als Schwarzweiß-Dokument im PDF-Format downloaden. Ihre persönlichen Zugangsdaten (bitte Groß- und Kleinschreibung beachten):
Benutzername: 60851
Kennwort: 6KV08X

Inhaltsverzeichnis

Ein paar Worte vorab … 4

Ohne Bindung läuft gar nichts – die große Bedeutung der Eingewöhnung 5

TIPP 1 Gelegenheiten zum Kennenlernen schaffen – **Krabbelstunden** zum Reinschnuppern 8

TIPP 2 Die Eltern vorab informieren – der **Elternbrief** mit wichtigen Infos zur Eingewöhnung 10

TIPP 3 Durchdachte Aufnahmegespräche führen – der **Fragebogen** zum Aufnahmegespräch 12

TIPP 4 Den ersten Tag in der Krippe vorbereiten – der **Begrüßungsbrief** als Erinnerungsstütze 15

TIPP 5 Sich Feedback holen – der **Elternfragebogen** zur Eingewöhnung 17

TIPP 6 Kindern Raum für persönliche Dinge geben – eine **Schatzkiste** für jedes Kind 19

TIPP 7 Sensibel bei Heimweh und Sehnsucht reagieren – das **„Erinner-mich-Buch“** als Erste-Hilfe-Maßnahme 21

TIPP 8 Die Eingewöhnung dokumentieren – **Eingewöhnungstagebuch** mit **Fragebogen** 24

TIPP 9 Den Kindern ermöglichen, Spuren zu hinterlassen – **Fotos und Co.** in den Einrichtungsräumen 31

TIPP 10 Das Kind etwas von zu Hause mitbringen lassen – **vertraute Sachen** als Mutmacher 34

TIPP 11 Die Entwicklung des Kindes dokumentieren – das **Portfolio** oder **Entwicklungstagebuch** 36

TIPP 12 Den Eltern Gelegenheit zum Austausch geben – **Elterncafé** und **Elterngesprächskreise** 38

TIPP 13 Rituale für den Tagesablauf schaffen – **Morgenkreis, Begrüßung, Verabschiedung** 41

TIPP 14 Die Eltern regelmäßig informieren – **Aktuelles** aus dem Tagesgeschehen gut präsentiert 44

TIPP 15 Mit den Eltern im Gespräch bleiben – regelmäßige **Entwicklungsgespräche** 46

Was Erzieherinnen uns berichteten … 49

Was ein Vater uns berichtete … 51

Ein paar Worte zum Schluss 53

Danksagung / Die Autorinnen 54

Medientipps 55

Ein paar Worte vorab …

Die gegenwärtige gesellschaftliche Entwicklung in der Bundesrepublik Deutschland führt dazu, dass der Bedarf an Krippenplätzen steigt. **Immer mehr Kinder werden in Kindertagesstätten, Krippen und bei Tagespflegepersonen betreut,** und davon ist ein immer größerer Teil der Kinder unter drei Jahre alt.

Diese Entwicklung hat verschiedene **Ursachen**:

- Die klassische Familie mit Mutter, Vater, Kind(ern) ist als Lebensmodell heutzutage in der Minderheit.
- Alleinerziehende Mütter oder Väter und Patchwork-Familien prägen das Bild.
- Um finanziell zu überleben, müssen viele Alleinerziehende arbeiten gehen. Und in dieser Zeit muss deren Kind natürlich betreut werden.
- Durch die neuen Veränderungen zum Erziehungsgeld wurde auch die Zeitdauer für eine bezahlte Freistellung der Eltern in der Elternzeit kürzer.
- Im Jahr 2008 haben sich Bund, Länder und Kommunen auf das gemeinsame Ziel verständigt, ab dem Jahr 2013 rund 750 000 Betreuungsplätze für Kinder unter drei Jahren bereitzuhalten.

Um diesen gesellschaftlichen Gegebenheiten und Veränderungen gerecht zu werden, ist es enorm wichtig, die Betreuungsplätze in Krippe, Kita und Kindertagespflege nicht nur quantitativ voranzutreiben, sondern **eine hohe Betreuungsqualität zu garantieren** – und diese beginnt mit der Aufnahme der Kinder. Die Qualität der Kindertagesbetreuung wird auch daran gemessen, **wie der Übergang des Kindes von der Familie in die Einrichtung gestaltet wird und wie das Kind dabei unterstützt wird,** sich in der neuen Umgebung einzugewöhnen – und wie die **Zusammenarbeit** zwischen **Eltern und Erzieherinnen** diesbezüglich aussieht.

Dieses Buch gibt Erzieherinnen und Tagesmüttern **vielfältige Praxisanregungen.** Es zeigt, wie sie Kinder auf ihrem Weg in die Krippe bzw. den Tagesmutter-Haushalt liebevoll, wertschätzend und zugewandt begleiten können. Dazu haben wir in diesem Buch **15 Tipps** zusammengetragen, die Ihnen helfen, die **Phase des Übergangs für das Kind so sensibel wie möglich zu gestalten.** Doch bevor Sie sich der 15 Tipps annehmen, erläutert das folgende Kapitel zunächst, warum dieser Prozess der Eingewöhnung so wichtig ist.

Und noch ein letzter Hinweis: Der besseren Lesbarkeit halber wird in diesem Buch ausschließlich die weibliche Form verwendet. Es sind jedoch immer auch Erzieher und Tagesväter gemeint. Wenn wir von Krippe sprechen, meinen wir selbstverständlich immer auch Kindertagespflegestellen.

Wir wünschen Ihnen nun, dass Sie bei der Lektüre einige hilfreiche Anregungen, Tipps und Methoden für Ihre Praxis gewinnen werden – damit die Eingewöhnung gelingt …

Claudia Erler und Ute Bendt

Ohne Bindung läuft gar nichts – die große Bedeutung der Eingewöhnung

Warum ist es so wichtig, sich Gedanken darüber zu machen, wie der Übergang von der Familie in die Kindertageseinrichtung für Kinder zu gestalten ist?

Warum bieten fast alle Krippen und Kindertagespflegestellen so genannte Eingewöhnungsmodelle an?

Die Antworten werden deutlich, wenn man sich einmal in die Lage des Kindes versetzt, das in eine Fremdbetreuung gegeben werden soll:
Für das Kind gab es bisher nur die Erfahrungswelt der Familie. Das heißt, seine Eltern stellten die Bezugspersonen dar, mit denen es seinen Alltag erlebte. Mit ihnen zusammen hat das Kind Ausflüge zur Oma, in den Tierpark oder ins Einkaufszentrum unternommen, mit den Eltern hat es gegessen, von ihnen wurde es getröstet, gewickelt, mit ihnen hat es gelacht.

In der Regel hat bis zur Aufnahme des Kindes in die Krippe **keine Trennung von den Eltern** über einen längeren Zeitraum des Tages stattgefunden. Vielleicht war das Kind schon einmal bei der Oma oder bei der Nachbarin – doch das sind vertraute Personen, die das Kind über einen längeren Zeitraum im Beisein der Eltern kennenlernen konnte.

Mit Eintritt in die Krippe ist alles anders. Eine Vielzahl von Herausforderungen muss das Kind hier parallel bewältigen. Es muss

- sich an eine neue Umgebung gewöhnen.
- neue Regeln verstehen.
- sich an eine neue Bezugsperson gewöhnen.
- sich an die andauernde Nähe anderer Kinder gewöhnen.
- den Verlust aller bisher vertrauten Menschen über mehrere Stunden verkraften.

All diese Veränderungen sind mit Stress verbunden, denn das Kind wird mit etwas ihm bisher Unbekanntem konfrontiert, und das gilt es, emotional zu bewältigen. Um dies umfassend zu verstehen, müssen wir wissen, dass ein Kind sich grundsätzlich nur dann auf die Welt einlassen kann und seine Umgebung entdecken will (Explorationsverhalten), wenn es sich sicher und wohl fühlt. Das war in der häuslichen Umgebung der Fall, weil seine Eltern seine Grundbedürfnisse befriedigt haben. Seine Eltern gaben dem Kind das Gefühl: Wir sorgen dafür, dass es dir gut geht, wir füttern dich, wir trösten dich, und wir pflegen dich. Wenn Eltern wissen, was ihre Kinder brauchen und zeitnah darauf reagieren, dann baut das Kind eine sichere Bindung zu den Eltern auf. Das bedeutet für das Kind nichts anderes als: Ich verlasse mich darauf und vertraue dir, dass du für mich da bist und dich verantwortlich für mein Wohlergehen fühlst.

Das Kind hat in seinen ersten Lebensmonaten/Lebensjahren im Kontakt mit den Eltern erkannt, wie verlässlich diese Bindung ist. **Wenn nun in der neuen Umgebung die Eltern als seine Quelle des Schutzes abrupt „verschwinden", stellt dies für das Kind eine Irritation, verbunden mit großer Angst dar:** Es fühlt sich nicht mehr sicher. Bisher hat das Kind ja lediglich seinen Eltern vertraut, dass sie für es sorgen. Nun sind sie plötzlich weg. Das ist ein Schock, den man vermeiden kann. **Deshalb ist es wichtig, den Übergang in die Krippe so behutsam wie möglich zu gestalten,** mit genügend Zeit und Geduld. So kann das Kind **eine Bindung zu der Erzieherin aufbauen und ihr langsam sein Vertrauen schenken.** Es ist von entscheidender Bedeutung, dem Kind erst einmal im Beisein der Eltern die Möglichkeit zu geben, sich mit der neuen Umgebung vertraut zu machen und aus dem sicheren

Schoß der Eltern erste Erkundungsschritte zu unternehmen. Das Kind muss wissen, dass es sofort zu seinen Eltern zurückkehren kann, wenn ihm etwas nicht geheuer ist. Im nächsten Schritt würde die Erzieherin in Interaktion mit dem Kind treten, d. h. sich bewusst im Beisein der Eltern als Kontaktperson anbieten, mit dem Kind spielen, es füttern und trösten, es wickeln und schlafen legen.

Wenn das Kind sich auf all diese Dinge einlässt – **ein Prozess, der durchaus mehrere Tage bis Wochen andauern kann** – dann gilt die Eingewöhnung (so wird diese Phase des Übergangs genannt) als gelungen. Das Kind hat dann **eine Bindung zur pädagogischen Fachkraft** aufgebaut. Diese Bindung steht nicht in Konkurrenz zur Elternbindung, sondern sie besitzt eine ganz eigene Bedeutung und Qualität für das Kind in Bezug auf die Alltagsbewältigung in der Einrichtung. Die Erzieherin wird zukünftig den sicheren Pol in der Einrichtung für das Kind darstellen, wenn die Eltern tagsüber nicht in seiner Nähe sind. **Nur durch diese Sicherheit kann ein Kind all die spannenden Sachen entdecken, Freundschaften schließen, sich bilden und somit entwickeln und die Welt mit all seinen Möglichkeiten für sich erobern.** Der Umkehrschluss ist zum Verständnis wichtig: Ohne diese Sicherheit (Bindung) kann ein Kind nichts davon.

Am Anfang noch ganz dicht bei Mama

Mit Mama im Rücken ein Schritt zur Erzieherin

Das Vertrauen ist da.

15 EingewöhnungsTIPPs

TIPP 1

Gelegenheiten zum Kennenlernen schaffen – **Krabbelstunden** zum Reinschnuppern

Kurz und knapp:
Überlegen Sie, ob und wie Sie Krabbelstunden/Krabbel- oder Spielnachmittage für zukünftige Kinder und Eltern der Einrichtung gestalten können. Damit geben Sie Kindern und Eltern die Gelegenheit, Ihre Einrichtung kennenzulernen.

Immer mehr Krippen bieten Eltern, die vorhaben, ihr Kind in die Einrichtung zu bringen, an, bereits **vorher in regelmäßigen Abständen mit ihrem Kind zu Besuch zu kommen.**

Das ist aus mehreren Gründen sinnvoll:

- Eltern und Erzieherin können sich vertraut machen.
- Erste Fragen können geklärt werden.
- Das Kind und die Eltern lernen die Räumlichkeiten und einige andere Kinder kennen.
  Tipp: Vielleicht wird das Kind schon einmal im Bad der Krippe gewickelt.
- Erste (Blick-)Kontakte zwischen Kind und Erzieherin können entstehen.

Das Kind und die Eltern machen sich auf ihre jeweilige Weise ein erstes Bild von dem Ort, an dem das Kind zukünftig tagsüber sein wird. Das ist ein erster behutsamer Schritt auf dem Weg, sich mit der neuen Umgebung vertraut zu machen.

Klären Sie vorab:

- *Welcher Wochentag und welche Uhrzeit eignen sich?*
- *Welche Zeitdauer bieten Sie an?*
- *Welche Rahmenbedingungen (Raumgestaltung, im Garten) sind notwendig?*
- *Welche Informationen / Materialien können Sie bereitstellen?*
- *Werden Sie die Krabbelgruppe betreuen, sie anleiten oder sich im Hintergrund mit den bereits angemeldeten Kindern beschäftigen?*

Wenn Sie all diese Fragen für sich geklärt haben, können Sie **die Eltern durch einen Elternbrief, einen Flyer oder durch eine Pressemitteilung einladen.**

Auf der folgenden Seite finden Sie ein **Beispiel** für einen **Flyer zur Krabbelstunde.**

Bullerbü e.V. präsentiert:

„Kinderquatsch – Die Krabbelgruppe“

Kinderquatsch – Krabbelgruppe für Mutter und Kind (6 Monate bis 2 Jahre)
Dienstag 16:00 – 17:30

Eltern zu sein, ist schön, jedoch nicht immer einfach! Einmal in der Woche möchten wir in gemütlicher Runde Erfahrungen mit anderen Eltern austauschen. Die lieben Kleinen sind natürlich dabei und dürfen ausgelassen krabbeln, entdecken, die ersten Freundschaften schließen und spielen.

Wir nutzen dabei die schönen Räumlichkeiten des Bullerbü e. V. Deshalb erbitten wir einen Obolus von 2 Euro. Dort gibt es Spielzeug, Bücher und die Möglichkeit zum Basteln.

Meldet euch unter (03834) 831370, oder kommt einfach vorbei.

Wir freuen uns auf euch.

Susanne und Iris

Bullerbü e.V.

Bullerbü e.V.
Bahnhofstr. 44/45
17489 Greifswald
Tel. (03834) 8556622
Fax (03834) 8556620
E-Mail: bullerbue-mv@freenet.de
www.bullerbue.net

TIPP 2

Die Eltern vorab informieren – der **Elternbrief** mit wichtigen Infos zur Eingewöhnung

Kurz und knapp:
Entwickeln Sie in Ihrem Team einen Elternbrief zum Thema Eingewöhnung. Reden Sie mit Eltern über die Eingewöhnungsphase, und geben Sie ihnen den Brief mit nach Hause.

Wenn Eltern auf Grund der Krabbelnachmittage oder eines Erstbesuches in der Krippe Ihnen gegenüber klares Interesse bekunden, ihr Kind bei Ihnen anzumelden, empfiehlt es sich, die **Eltern über die Bedeutung und Notwendigkeit der Eingewöhnung aufzuklären.**

An dieser Stelle sei darauf hingewiesen, dass eine **gelungene Eingewöhnung** nicht nur für Krippenkinder **entscheidend dafür ist, ob das Kind sich auf die Herausforderungen des Krippen-Alltags einlassen kann.** Auch Kinder im Alter von drei bis sechs Jahren, die in eine Krippe kommen, benötigen eine einfühlsame Eingewöhnung – unabhängig davon, ob sie erstmalig in ihrem Leben durch Fremde betreut werden oder aus einem anderen Betreuungsmodell in die Krippe wechseln.

Ein **Beispiel** für einen **Elternbrief** mit wichtigen **Informationen zur Eingewöhnung** finden Sie auf der folgenden Seite.

Wichtige Informationen zur Eingewöhnung

Liebe Eltern,

um Ihrem Kind den Einstieg in den Krippen-Alltag zu erleichtern, haben wir ein Konzept zur sanften Eingewöhnung erarbeitet. Dabei spielt Ihre Unterstützung als vertraute und geliebte Bezugsperson/en eine ganz wichtige Rolle. In der Regel dauert die Eingewöhnungszeit zwei bis vier Wochen. Es kann kürzer, aber auch länger dauern, bis Ihr Kind sich an den Tagesablauf gewöhnt hat.

Wichtige Grundsätze haben wir für Sie aufgeschrieben, um Ihnen und Ihrem Kind den Start in den Krippen-Alltag zu erleichtern:

1. Bringen Sie Ihr Kind in der Eingewöhnungsphase regelmäßig, und vermeiden Sie längere Fehlzeiten; das verzögert den Eingewöhnungsprozess.
2. Bleiben Sie die ersten Tage mit Ihrem Kind in der Krippe. Sie sind eine notwendige Sicherheit für Ihr Kind.
3. Verabschieden Sie sich nach einer vereinbarten Zeit (1/2 Stunde bis 1 Stunde), und gehen Sie mit Ihrem Kind nach Hause.
4. Verhalten Sie sich während der Eingewöhnungszeit in der Krippe zurückhaltend; beobachten Sie Ihr Kind, die Erzieherin und die anderen Kinder.
5. Nach Absprache mit Ihnen wird der Zeitpunkt der ersten kurzen Trennung (10 Minuten) von Ihrem Kind vereinbart.
6. Ein kurzer, für das Kind deutlich erkennbarer Abschied ist wichtig.
7. Sie verlassen den Gruppenraum und bleiben in der Krippe erreichbar. Das Verhalten Ihres Kindes zeigt uns, ob der erste Trennungsversuch gelungen ist.
8. Weitere Schritte der Eingewöhnung werden von nun an ganz individuell auf Ihr Kind abgestimmt:
   - Tageszeit, Dauer und Anwesenheit werden verabredet.
   - Sie tauschen Informationen zur Befindlichkeit Ihres Kindes mit der Erzieherin aus.
   - Behutsam übernimmt die Erzieherin sensible Aufgaben wie Essen, Wickeln und Schlafen mit Ihrem Kind.
   - Nach ca. zwei bis vier Wochen hat sich Ihr Kind bei uns eingelebt, und Sie spüren, dass es sich in der Krippe wohlfühlt.

Wir freuen uns über Ihr Interesse und auf eine harmonische Zusammenarbeit.

Die Mitarbeiterinnen der Kita „Kleine Wiesenhüpfer"

TIPP 3

Durchdachte Aufnahmegespräche führen – der **Fragebogen** zum Aufnahmegespräch

Kurz und knapp:
Stellen Sie beim Aufnahmegespräch gezielte Fragen zum Kind, die auch das „WIE" berücksichtigen. Nutzen Sie zum Beispiel den Fragebogen am Ende dieses Tipps, um dem Gespräch eine Richtung zu geben und keine wichtigen Informationen aus dem Blick zu verlieren.

Oft wird nach dem Erstbesuch in der Krippe oder nach der mündlichen Interessensbekundung ein Termin für ein Aufnahmegespräch vereinbart. In diesem Gespräch unterschreiben Eltern und Krippen-Leiterin den **Betreuungsvertrag,** und sie tauschen **wichtige Informationen zur Entwicklung des Kindes, zu seinen Gewohnheiten und Besonderheiten** aus.
Unsere Erfahrungen auf Grund der Zusammenarbeit mit vielen Krippen und Kitas zeigen, **dass sich hier ein erster Stolperstein für einen gelungenen Übergang verbergen kann** – nämlich genau dann, wenn Fragen ungünstig formuliert werden.

Ein Beispiel aus der Praxis:
Bei einem Aufnahmegespräch wurde die Mutter eines zweijährigen Jungen gefragt, ob und was der Junge alles selbstständig esse. Die Mutter antwortete: „Mein Sohn isst alles." In den folgenden Tagen gestalteten sich die Mahlzeiten in der Krippe schwierig, denn: Was auch immer der Junge aß – er würgte es sofort wieder heraus. Nach zwei Wochen wurde die Mutter erneut zum Gespräch gebeten, da sich die Erzieherinnen keinen Rat mehr wussten. Zu Beginn des Gesprächs standen die unterschiedlichen Wahrnehmungen im Raum. Die Mutter beharrte darauf, dass ihr Sohn zu Hause alles esse, ohne zu würgen. Die Krippen-Leiterin konnte dies kaum glauben, da jede Krippen-Mahlzeit inzwischen im Fiasko endete. Irgendwann, an einem Zeitpunkt, an dem beide Seiten nicht weiterkamen, fragte die Leiterin, wie denn die Essenssituation zu Hause genau aussehe und wie das Essen gereicht würde. Nun berichtete die Mutter, dass sie alles püriere: Kartoffeln, Gemüse, auch Brote. Daraufhin erkannte die Leiterin, warum der Junge in der Krippe nicht mehr essen wollte, und nach gemeinsamen Absprachen zwischen Eltern und Leiterin wurde das Kind behutsam an feste Nahrung herangeführt.
Dieses Beispiel verdeutlicht, **wie wichtig die Form der Fragestellung ist.** Fragen nach dem „WIE" sind grundsätzlich zu empfehlen.

Der nachfolgende **Fragebogen** wurde mit Erzieherinnen im Rahmen einer Krippen-AG erstellt und hat sich seitdem bewährt.
Sie können sich die entsprechende Kopiervorlage auch als Schwarzweiß-Dokument im PDF-Format auf der Verlags-Internetseite downloaden (siehe Hinweis im Impressum).

„Ich lerne dich kennen“ (1)

Name: ______________________________

In welcher Familiensituation lebt das Kind?	
Gibt es Geschwisterkinder? (Alter, Geschlecht)	
Wie hat sich das Kind bisher entwickelt? (Schwangerschaft, Geburt, bis heute, ...)	
Welche Krankheiten hatte das Kind? (Allergien etc.)	
Was und wie isst und trinkt das Kind?	

„Ich lerne dich kennen“ (2)

Name: ______________________________

Wie schläft das Kind? (Gewohnheiten, Rituale)	
Wie wird „Erziehung zur Sauberkeit“ praktiziert? (Windeln, Topf, Toilette, Pflegemittel, …)	
Welche Erfahrungen mit anderen Menschen hat das Kind bereits gemacht? (zum Beispiel stundenweise bei anderen Bezugspersonen gespielt)	
Welche Besonderheiten des Kindes gibt es?	
Welche Vorstellungen / Wünsche haben die Eltern?	

Den ersten Tag in der Krippe vorbereiten – der **Begrüßungsbrief** als Erinnerungsstütze

Kurz und knapp:
Gestalten Sie einen Begrüßungsbrief für die Eltern, der noch einmal alle wichtigen Dinge für den ersten Tag in der Krippe zusammenfasst.

Das **Aufnahmegespräch** in einer Krippe ist für Eltern eine besondere, emotionale Situation. Viele von ihnen trennen sich zum ersten Mal für eine so lange Zeit von ihrem Kind. Hinzu kommt, dass **Eltern** in diesem Gespräch viel Neues erfahren. Sie müssen eine **Fülle von Informationen verarbeiten und behalten.** Da kann das ein oder andere Gehörte schon mal auf der Strecke bleiben. Zu Hause wissen sie dann nicht mehr, was sie am ersten Tag der Eingewöhnung mitbringen oder worauf sie achten sollten.

Hier hat sich in vielen Krippen ein **Begrüßungsbrief an die Eltern** bewährt, in dem noch einmal **die wesentlichen Dinge, die es zu klären oder zu berücksichtigen gilt,** benannt werden.

Auf der nachfolgenden Seite finden Sie ein **Beispiel**, wie solch ein **Begrüßungsbrief** formuliert sein könnte.

Liebe Eltern,

bald kommt der Tag, an dem Ihr Kind zum ersten Mal unsere Krippe besucht. Wir freuen uns schon sehr auf Ihr Kind und auf Sie. Damit Sie diesem Tag entspannter entgegensehen können, haben wir die wichtigsten Informationen, die wir Ihnen im Aufnahmegespräch gegeben haben, noch einmal aufgelistet. So können Sie in Ruhe schauen, was Sie in den nächsten Tagen noch besorgen können. Bitte bringen Sie am ersten Tag folgende Dinge in die Krippe mit:

- Windeln und Pflegecreme
- 1 Packung Feuchtigkeitstücher
- 1 Beutel mit Wechselsachen
- Lieblingskuscheltier oder Schmusetuch
- Schlafanzug / Schlafsack
- Hausschuhe
- Telefonnummern für den Notfall
- unterschriebene Abholberechtigung
- Nachweis des Impfstatus
- wetterfeste Kleidung (Matschhose und Gummistiefel)
- eine Schatzkiste
- das „Erinner-mich-Buch“
- Foto des Kindes für die Garderobe
- leerer Aktenordner für das Portfolio

Selbstverständlich können Sie uns im Vorfeld jederzeit ansprechen, wenn für Sie etwas unklar ist. Gemeinsam werden wir schon bald die Zeit der Eingewöhnung mit Ihrem Kind erleben. Sicherlich ist das für Sie aufregend, vielleicht auch ein bisschen beängstigend, weil viel Neues auf Sie zukommt. Seien Sie beruhigt – gemeinsam und in regem Austausch wird uns das im Sinne Ihres Kindes gelingen.

Wir wünschen Ihnen bis zum Wiedersehen eine schöne Zeit mit Ihrem Kind.

Herzliche Grüße
Ihr Team der Krippe „Zauberfarben“

Sich Feedback holen – der **Elternfragebogen** zur Eingewöhnung

Kurz und knapp:
Befragen Sie die Eltern, ob sie sich mit ihrem Kind bei Ihnen gut aufgehoben und angenommen fühlen. So können Sie ein Vertrauensverhältnis aufbauen und die Zusammenarbeit erfolgreich gestalten. Nutzen Sie dafür den Fragebogen am Ende dieses Tipps.

Vielleicht sind Sie überzeugt davon, dass die Eingewöhnung eines Kindes in Ihrer Krippe gut verlief, weil Sie nichts Gegenteiliges bemerkt haben und die Eltern von sich aus keine Kritik übten. Das heißt aber noch lange nicht, dass die Eingewöhnungszeit tatsächlich zufriedenstellend für alle Beteiligten war. Manchmal trauen sich Eltern nicht, Kritik oder Wünsche zu äußern, weil sie Angst haben, Sie zu verärgern. Dahinter steckt eine tiefere Befürchtung: dass Sie das Kind vielleicht „schlechter" behandeln, wenn Sie verärgert über die Eltern sind.
Das ist übrigens nicht nur innerhalb der Krippe ein verbreitetes Problem. **Wichtig ist also, dass Sie den Eltern von Anfang an das Gefühl geben, dass Sie Kritik gegenüber offen sind und sich einen regen Austausch wünschen.** Dies ist der erste wichtige Grund für den Elternfragebogen.
Der zweite ist: Die Eingewöhnung des Kindes in die Krippe stellt eine sensible Phase in der Entwicklung eines Kindes dar – umso wichtiger ist es, **zeitnah zu reflektieren, ob alles gut verlief.**

Ein Elternfragebogen kann Ihnen dabei helfen. Denn auch das ist hinlänglich belegt: Kritik still aufzuschreiben, fällt vielen Menschen leichter, als sie anderen in einem persönlichen Gespräch zu vermitteln. Und da das **Vertrauensverhältnis** zum Zeitpunkt der Eingewöhnung noch nicht gefestigt ist, kommen Sie den Eltern mit dem Fragebogen entgegen.

Auf der nachfolgenden Seite finden Sie ein **Beispiel** für einen **Elternfragebogen** zur Eingewöhnung.
Sie können sich die entsprechende Kopiervorlage auch als Schwarzweiß-Dokument im PDF-Format auf der Verlags-Internetseite downloaden (siehe Hinweis im Impressum).

Elternfragebogen zur Eingewöhnung

Haben wir Sie über die Eingewöhnungsphase ausreichend informiert? Gibt es etwas, was Sie im Voraus noch gern gewusst hätten?

____

____

Wie haben Sie sich am ersten Tag bei der Begrüßung gefühlt? Wie wurden Sie empfangen?

____

____

Welche Schritte hat die Erzieherin unternommen, um das Vertrauen Ihres Kindes zu gewinnen? Waren ihre Bemühungen aus Ihrer Sicht erfolgreich?

____

____

Waren Sie mit dem Zeitpunkt und der Dauer des ersten Trennungsversuches einverstanden? Wie wurde er ausgewertet?

____

____

Als die Erzieherin Ihnen gesagt hat, dass die Eingewöhnung gelungen ist, konnten Sie ihre Begründungen da nachvollziehen? Was hat sie Ihnen genau gesagt?

____

____

Bewerten Sie die Eingewöhnung Ihres Kindes als gelungen?

____

____

Gibt es etwas, was wir in der Eingewöhnungsphase besser machen können?

____

____

Kindern Raum für persönliche Dinge geben – eine **Schatzkiste** für jedes Kind

Kurz und knapp:
Lassen Sie die Eltern eine Schatzkiste für die persönlichen Dinge ihres Kindes gestalten, die das Kind schon am ersten Tag mit in die Krippe bringen darf.

Es ist wichtig, **dass ein Kind in der Krippe etwas hat, was speziell ihm allein gehört.** Denn alles andere in der Krippe muss ein Kind teilen: die Zuwendung durch die Erzieherin, den Gruppenraum, das Essen, das Spielzeug etc. Es ist kein privater Raum, sondern ein öffentlicher. Das ist mitunter unangenehm – ein Kind kann sich leicht verloren fühlen.

Nun geht es darum, dass an einem besonderen Ort in der Krippe ausschließlich **Sachen untergebracht werden, die dem Kind gehören, die für das Kind bedeutsam sind.**

Es gibt Krippen, in denen jedes Kind ein so genanntes Eigentumsfach hat, und es gibt Krippen, die Eltern anregen, einen **Karton mit Deckel** (zum Beispiel einen Schuhkarton) so zu gestalten, dass er zur Schatzkiste für die persönlichen Sachen des Kindes wird. Oftmals finden dort **Nuckel** ihren Platz, bis sie beim Mittagsschlaf zum Einsatz kommen, ebenso **Schmusetücher** oder **Glückssteine.**
Wenn die Kinder älter sind, nutzen sie die Schatzkiste für ihre **selbstgesammelten Schätze,** wie zum Beispiel leere Schneckenhäuser (die Betonung liegt auf leer ☺), Glasmuggelsteine, ein besonderes Herbstblatt, Kastanien oder Hühnergötter.

Legen Sie die Schatzkisten **an einen Ort in der Krippe, den das Kind jederzeit selbstständig erreichen kann.** Nach einem Schatz, der einem ganz allein gehört, möchte man ja schließlich nicht erst fragen.

Auf der nächsten Seite finden Sie eine kurze **Bauanleitung für die Schatzkiste,** wie die Eltern sie für ihr Kind gestalten könnten.

Kurzanleitung zum Bau der Schatzkiste:

Das brauchen Sie:

- Schuhkarton
- Foto des Kindes
- Bilder, Aufkleber
- Schere, Kleber
- Geschenkpapier oder Buntpapier
- transparente Klebefolie

So geht es:

Der Schuhkarton wird von den Eltern individuell gestaltet. Sie kleben zum Beispiel Bilder, Fotos, Aufkleber an den Karton oder fassen ihn in Geschenkpapier ein. Der Fantasie sind keine Grenzen gesetzt. Wichtig ist, dass sowohl auf dem Deckel als auch auf der schmalen Seite des Kartons ein Foto des Kindes und sein Name gut sichtbar angebracht werden. Zum Schluss werden der Deckel und der Karton in transparente Klebefolie (vom Baumarkt) eingewickelt, damit die Schatzkiste dem Alltagsgebrauch auch lange standhält. Fertig!

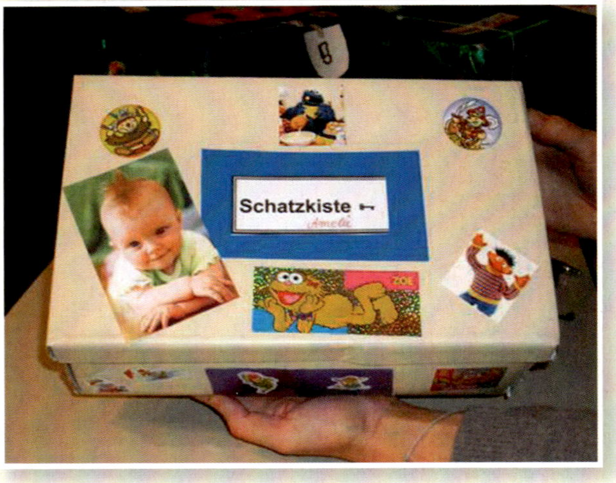

Die Schatzkisten …

… und Eigentumsfächer

Sensibel bei Heimweh und Sehnsucht reagieren – das **„Erinner-mich-Buch"** als Erste-Hilfe-Maßnahme

Kurz und knapp:
Lassen Sie von den Eltern ein kleines Buch mit Fotos anfertigen, auf denen Menschen und Dinge abgebildet sind, die für das Kind wichtig sind.

Warum ein Erinner-mich-Buch?
Wenn das Kind erstmalig eine Krippe besucht, bedeutet das oft auch zum ersten Mal die längere **Trennung von seinen Eltern.** Diese Trennung wird dem Kind schmerzhaft bewusst. Neben dem wichtigen Trost durch die Bezugserzieherin gibt es weitere Möglichkeiten, **das Kind mit seinem Heimweh, mit seiner Traurigkeit nicht allein zu lassen.** Gerade Krippenkinder können sich noch nicht sprachlich mitteilen, und so liegt es am Einfühlungsvermögen der Erzieherin, zu erkennen, wann ein Kind seine Eltern sehr vermisst. Nicht jedes Kind zeigt dies durch Weinen oder durch das Zur-Tür-Laufen. Manche Kinder ziehen sich einfach in sich zurück, sie werden ganz still. Das „Erinner-mich-Buch" hilft Kindern, ihrer **Sehnsucht Ausdruck zu verleihen,** und es hilft Erzieherinnen, darauf **angemessen zu reagieren.**

Was ist ein Erinner-mich-Buch?
Ein „Erinner-mich-Buch" ist ein **Bilderbuch** mit **Fotos von all den Menschen und Dingen, die für ein Kind von Bedeutung sind** und in seinem Leben eine Rolle spielen: die Eltern und Geschwister, Oma und Opa, das Haustier, das Lieblingsspielzeug – eben alles, was das Kind nicht in die Krippe mitnehmen kann. Damit solch ein Buch eine lange Lebensdauer hat, empfiehlt es sich, die einzelnen Seiten zu laminieren. Eine **gute, erprobte Größe ist DIN A6.** Bringen Sie zum Schluss in der linken oberen Ecke einen **Schlüsselring** an – so werden die Seiten zusammengehalten, und die Bücher können sichtbar im Gruppenraum angebracht werden.

Alle Kinder können jederzeit ihr Buch holen.

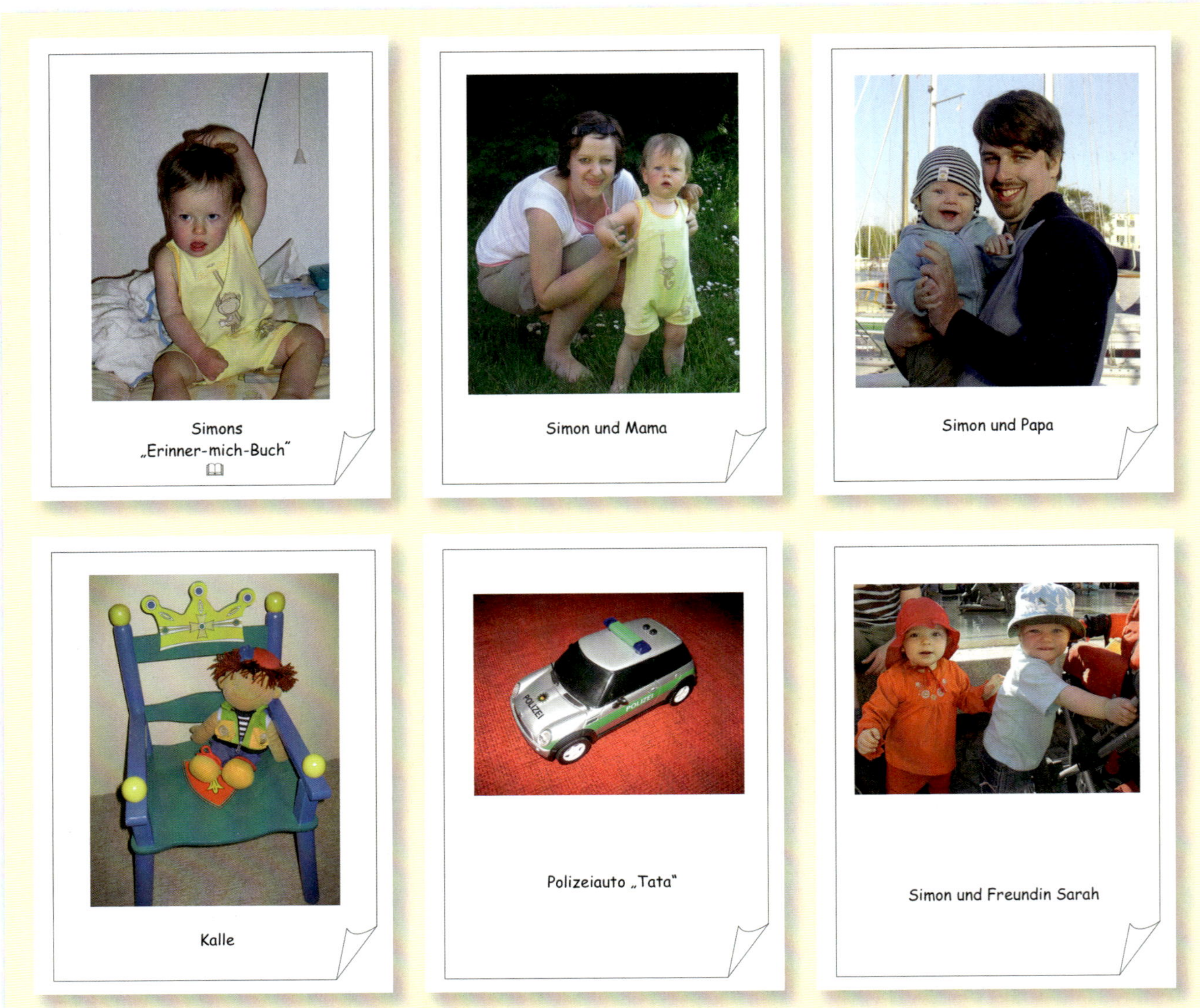

Simons Erinner-mich-Buch

Laminiert und mit Schlüsselring zusammengehalten, haben die „Erinner-mich-Bücher“ eine lange Lebensdauer.

Gut zu wissen:
Unsere Erfahrungen aus der Praxis zeigen, dass sich Kinder die Fotos im Alltag gern anschauen und sie sich auch gegenseitig zeigen. Gerade Krippenkinder wenden sich den Fotos zu, wenn sie Kummer haben. Anfänglich befürchteten manche Erzieherinnen, dass die Sehnsucht der Kinder durch die Fotos verschlimmert würde. Doch das ist ein Trugschluss: Die Sehnsucht wird ganz einfach sichtbar.

Kinder holen sich ihr „Erinner-mich-Buch" gern und oft, um darin zu blättern oder es anderen zu zeigen.

Vor dem Schlafen hilft Kindern ein Blick in das Fotobuch, damit sie sich nicht so allein fühlen.

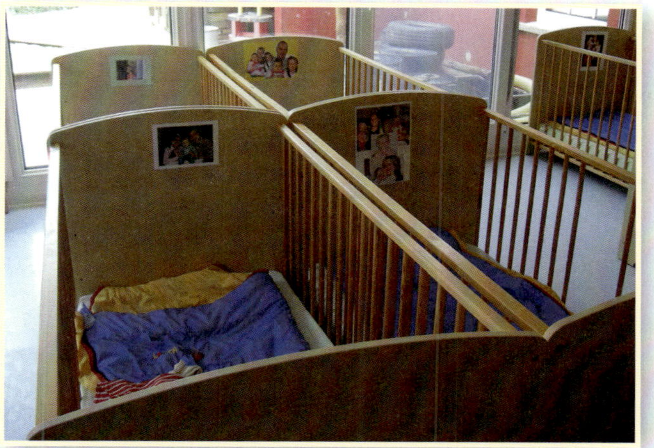

Fotos am Bettchen helfen den Kindern, beruhigt zu schlafen.

Gut zu wissen:

„Erinner-mich-Bücher" haben sich auch bei größeren Kindern bewährt, zum Beispiel auf der ersten Klassenfahrt oder bei notwendigen Krankenhausaufenthalten. Sie fühlten sich nicht allein, erlebten Halt und hatten das Gefühl, dass ein Teil der Familie bei ihnen ist. Vergleichbare Ideen, die wir in Krippen und Kitas vorfanden, waren Familienfotos am Kopfende des Kinder-Bettchens und ein „Haus der Familie" in der Garderobe über dem Fach des Kindes (Idee aus Schweden).

Das „Haus der Familie"

TIPP 8

Die Eingewöhnung dokumentieren – **Eingewöhnungstagebuch** mit **Fragebogen**

Kurz und knapp:
Führen Sie über die Dauer der Eingewöhnung des Kindes ein kurzes Tagebuch, in dem Sie allgemeine Informationen und Besonderheiten festhalten.

Der Vorteil des Tagebuches liegt auf der Hand: **Entwicklungsfortschritte,** aber auch **Besonderheiten in der Eingewöhnung,** wie zum Beispiel eine Unterbrechung durch Krankheit, werden festgehalten und helfen den Eltern wie auch der Erzieherin, sich ein Bild davon zu machen, ob die Eingewöhnung gelingt und ob sich das Kind mehr und mehr wohlfühlt. Und viel Aufwand muss es gar nicht bedeuten, denn **Stichpunkte** genügen vollkommen.
Um die Eingewöhnung möglichst zielgerichtet im Tagebuch zu dokumentieren, haben wir wichtige **Leitfragen** aufgelistet, an denen Sie sich orientieren können.

Auf einen Blick – Leitfragen zum Tagebuch-Schreiben

- *Wer hat das Kind begleitet?*
- *Waren die Eltern die ganze Zeit anwesend?*
- *Wie lange war das Kind an dem Tag in der Einrichtung?*
- *Hat es gespielt? Wenn ja, womit?*
- *Hat es geweint? Wenn ja, in welcher Situation?*
- *Konnte die Erzieherin Kontakt zum Kind aufnehmen, zum Beispiel durch Spielen, Vorlesen, Wickeln, Füttern?*
- *Wie fand der erste Trennungsversuch statt?*

Auf den folgenden Seiten finden Sie eine **Vorlage,** die Sie für das **Eingewöhnungstagebuch** nutzen können.
Sie können sich die entsprechende Kopiervorlage auch als Schwarzweiß-Dokument im PDF-Format auf der Verlags-Internetseite downloaden (siehe Hinweis im Impressum).

Meine Eingewöhnungszeit

Name:

vom: ______________________ bis: ______________________

1. Tag, Datum: ______________________ Wochentag: ______________________

2. Tag, Datum: ______________________ Wochentag: ______________________

3. Tag, Datum: ______________________ Wochentag: ______________________

Name:

4. Tag, Datum: ______________________ Wochentag: ______________________

5. Tag, Datum: ______________________ Wochentag: ______________________

6. Tag, Datum: ______________________ Wochentag: ______________________

7. Tag, Datum: ______________________ Wochentag: ______________________

Name:

8. Tag, Datum: ______________________ Wochentag: ______________________

9. Tag, Datum: ______________________ Wochentag: ______________________

10. Tag, Datum: ______________________ Wochentag: ______________________

11. Tag, Datum: ______________________ Wochentag: ______________________

Name:

12. Tag, Datum: ______________ Wochentag: ______________

13. Tag, Datum: ______________ Wochentag: ______________

14. Tag, Datum: ______________ Wochentag: ______________

Anmerkungen:

Nach vier bis sechs Wochen sollte der nachstehend abgebildete **Fragebogen** ausgefüllt werden. Er ist eine gute **Vorbereitung für ein erstes Elterngespräch** zu der Frage: *„Ich bin angekommen – bin ich angekommen?"* Gemeinsam können sich Erzieherin und Eltern darüber austauschen, wie das Kind ihrer Ansicht nach den Übergang von der Familie in die Krippe bewältigt hat. Eltern und Erzieherin sind natürlich auch weiterhin gefragt, das Kind bei seinem täglichen Wechsel aus der Familie in die Krippe umfassend zu unterstützen.

Ich bin angekommen – bin ich angekommen?

Datum: ______________________

Name des Kindes: ______________________

Alter: ______________________

Seit der Eingewöhnung sind __________ Wochen vergangen.

Dauer der Betreuung (Stunden pro Tag / pro Woche): __________

Wie verhält sich das Kind im Alltag?
(zum Beispiel beim Bringen und Abholen, mit Spielpartnern, beim Essen, beim Schlafen)

____

Name der Beobachterin:

____

Den Kindern ermöglichen, Spuren zu hinterlassen – **Fotos und Co.** in den Einrichtungsräumen

Kurz und knapp:
Bringen Sie in der Garderobe und am Sitzplatz des Kindes sein Foto und im Gruppenraum in Augenhöhe der Kinder Fotos und Zeichnungen bzw. Arbeiten der Kinder an.

Wenn Kinder in eine neue Umgebung kommen, ist diese erst einmal fremd für sie. Durch das Anbringen von Fotos, auf denen das Kind abgebildet ist, findet es sich an diesem neuen Ort wieder: **Hier gehöre ich her, hier ist mein Platz.** Das Kind fühlt sich dazugehörig und kann sich gleichzeitig orientieren.

Jedes Kind, das ankommt, dreht sein Foto um …

… oder befestigt es.

Ein Morgenkreis mit Fotos: Hier bin ich!

Wessen Bild gewürfelt wird, hat Tischdienst.

Gut zu wissen:

*An dieser Stelle sei kurz darauf hingewiesen, dass **Piktogramme (statt Fotos)** am Garderobenhaken oder im Waschraum **keine Wertschätzung** gegenüber dem Kind darstellen.*

*Erstens fällt dem Kind das **Einprägen** schwerer, denn für das Kind gibt es keinen Sinnzusammenhang zwischen seiner Person und der Abbildung eines Gegenstandes.*

*Zweitens wird das Kind **anonymisiert**. Es ist jetzt zum Beispiel nicht mehr Ole, sondern eine Eisenbahn oder ein Schwein. Überlegen Sie einmal, ob Sie selbst auf einen Gegenstand oder ein Symbol reduziert werden möchten.*

*Drittens können sich abholberechtigte Personen oder Urlaubsvertretungen der Erzieherinnen nur **schwer orientieren:** Wer ist die Eisenbahn? Wer das Schwein? Wer das Auto? In der Regel muss dann eine Liste angebracht werden, die besagt, welches Kind welches Symbol erhalten hat. Das ist zusätzliche Arbeit, die man vermeiden kann.*

Auch für das Kind ist nicht nachvollziehbar, aus welchen Gründen ihm ein bestimmtes Symbol zugeordnet wurde und warum es zum Beispiel eine Kuh ist und kein Feuerwehrauto – obwohl ihm das doch so gut gefällt.

Lieber keine Piktogramme!

Ein Foto mit Namen ist wertschätzende Zuordnung.

Da bin ich! Momentaufnahmen in Augenhöhe.

In der Geburtstagseisenbahn finden alle Kinder ihren Platz.

Was die Kinder hier bauen, können sie auf dem Podest stehen lassen, solange sie möchten.

Noch mehr Spuren ...

Als Großaufnahmen im Gruppenraum eignen sich besonders **Momentaufnahmen der Kinder im Krippen-Alltag,** zum Beispiel während des Spielens. Das Kind nimmt beim Betrachten der Fotos wahr: Hier bin ich, hier spiele ich, und das sind meine Freunde.

Auch **Foto-Geburtstagskalender** zeigen: Du bist uns wichtig, deinen Ehrentag wollen wir gemeinsam feiern. Bitte beachten Sie dabei, dass eine Geburtstagseisenbahn oder eine Geburtstagsraupe in ihrer Struktur auch wieder sinnvoll sein müssen, d. h. es muss nachvollziehbar sein, warum welches Kind in welchem Waggon sitzt (zum Beispiel weil die Waggons die Monate darstellen). Mit dieser Variante berücksichtigen Sie gleichzeitig innerhalb der Raumgestaltung Anforderungen an die Auseinandersetzung mit elementarem mathematischen Denken.

Im Gruppenraum sollten neben Fotos auch **Arbeiten der Kinder,** wie zum Beispiel Zeichnungen oder Bastelarbeiten, Gebautes etc. ihren Platz finden. Wenn diese Dinge dort eine Zeit lang bleiben können, bedeutet auch das für Kinder: Hier gehöre ich her, weil ja hier meine Zeichnung hängt und mein Turm steht. So können Kinder wieder Spuren hinterlassen, und Sie drücken damit eine tiefe Wertschätzung gegenüber der Tätigkeit des Kindes aus. (Es ist eine große Leistung, ein Bild zu malen oder einen Turm zu bauen.) Wenn ein Kind dann früh in die Krippe kommt, findet es Vertrautes wieder und kann sich sowohl schneller zurechtfinden als auch willkommen fühlen.

Wichtig:
Beachten Sie unbedingt, dass Zeichnungen, Bilder und Bastelarbeiten in Augenhöhe der Kinder hängen bzw. stehen. Es ist ihr Raum.

TIPP 10

Das Kind etwas von zu Hause mitbringen lassen – **vertraute Sachen** als Mutmacher

Kurz und knapp:
Bieten Sie den Eltern gleich zu Beginn der Eingewöhnung an, dass das Kind einen vertrauten Gegenstand, der ihm wichtig ist, jeden Tag mitbringen kann.

Häufig ist das ein **Kuscheltier,** eine **Schmusedecke,** der **Nuckel** oder **etwas Persönliches der Eltern.** Das Kind kann diesen Gegenstand den ganzen Tag bei sich tragen, wenn es das möchte. Dadurch erfährt es Halt, es fühlt sich nicht einsam und verlassen und kann sich so besser den täglichen Herausforderungen stellen. Denn ein **Teil von zu Hause** ist bei ihm und gibt ihm **Sicherheit.**

Wenn das Kuscheltier o. Ä. zeitweise nicht benötigt wird, weil das Kind sich auch ohne es wohlfühlt – weil es zum Beispiel die aktuelle Situation als spannend (und sicher) erlebt –, dann bieten Sie dem Kind einen **verlässlichen Platz** für sein Kuscheltier an. Das kann das **Garderobenfach** sein oder die **Schatzkiste** (siehe Seite 19), vielleicht auch das **Bettchen** des Kindes. So weiß das Kind immer, wo sein kleiner „Helfer gegen die Angst" ist, und kann ihn sich selbstständig holen.

Das Kuscheltier muss mit …

Auch hier gilt:
*Achten Sie darauf, dass das Kuscheltier oder die Schmusedecke für das Kind **jederzeit zu erreichen** sind, ohne dass es nachfragen muss.*

… und in der Krippe hat es einen verlässlichen Platz.

Bücher zum Ausleihen
für zu Hause

Es geht auch umgekehrt …

Bieten Sie den Eltern an, dass ihr Kind ein Lieblingsbuch aus der Krippe oder ein Spiel, das es gerade mag, für einen Tag oder übers Wochenende mit nach Hause nehmen kann. Durch das **Ausleihen von Büchern und Spielen aus der Krippe** bleibt das Erlebte auch am Abend oder Wochenende für das Kind präsent, und es kann sich darauf freuen, am nächsten Tag wieder die Krippe zu besuchen. Auch auf diese Weise erlebt ein Kind die **Vermischung von Familie und Krippe,** die es ihm ermöglicht, **beide Lebenswelten als etwas Gemeinsames** zu begreifen.

TIPP 11

Die Entwicklung des Kindes dokumentieren – das **Portfolio** oder Entwicklungstagebuch

Kurz und knapp:
Legen Sie zeitgleich mit der Aufnahme ein Entwicklungstagebuch des Kindes mit Unterstützung der Eltern an.

In einem **Entwicklungstagebuch** werden sehr anschaulich die Entwicklungsschritte, wichtige Momente im Leben des Kindes, seine Werke, aber auch Interviews mit ihm festgehalten – um nur einige Möglichkeiten zu nennen. Es geht darum, wie der Name es bereits sagt, die Entwicklung eines Kindes sichtbar zu machen. Das kann auf vielfältige Weise geschehen, zum Beispiel durch Fotos, Beobachtungsnotizen, Zeichnungen, Briefe, Videos und schriftliches Festhalten von Aussagen des Kindes.
Dieses Tagebuch ist von Anfang an **Eigentum des Kindes.** Sie als Erzieherin sind „lediglich" das Schreibwerkzeug, das später, zum Beispiel beim Eintritt des Kindes in die Schule, immer mehr in den Hintergrund rückt. Anhand dieses Tagebuches kann das Kind **sich erinnern, eintauchen in seine Vergangenheit, sich selbst ein Bild seiner Entwicklung machen.**
Umso wichtiger ist es, dass das **Portfolio in Augenhöhe der Kinder im Gruppenraum** steht, damit sie **jederzeit Zugang** dazu haben.

Das Portfolio – eine Erinnerung fürs Leben

Die Kinder schauen oft in ihr Portfolio, um sich zu erinnern – allein oder mit Freunden.

Darüber hinaus bietet ein Entwicklungstagebuch gute Anhaltspunkte, um **gemeinsam mit den Eltern** die Entwicklung des Kindes über einen bestimmten Zeitraum Revue passieren zu lassen und **sich über die eigenen Wahrnehmungen auszutauschen.** Durch solch einen intensiven Austausch, zum Beispiel in einem **Entwicklungsgespräch** (siehe Tipp 15), wachsen die „zwei Welten" des Kindes – Familie und Krippe – dichter zusammen. Das erleichtert dem Kind den täglichen Wechsel zwischen zu Hause – Krippe – zu Hause, denn ein Kind spürt genau, ob sich Eltern und Erzieherinnen gut verstehen oder ob es Reibereien, Antipathien o. Ä. gibt.

Schaffen Sie gemeinsam mit den Eltern entwicklungsförderliche Rahmenbedingungen! Das Portfolio ist dafür eine gute Möglichkeit.

Tipp:
*Eine Vielzahl von praxisorientierten, anschaulich gestalteten **Fachbüchern** hilft Ihnen, eine gelungene Portfolioarbeit leisten zu können (siehe auch Literaturhinweise auf Seite 55).*

Mit Foto – so finden die Kinder ihren Ordner sofort.

TIPP 12

Den Eltern Gelegenheit zum Austausch geben – **Elterncafé** und **Elterngesprächskreise**

Kurz und knapp:
Bieten Sie thematische Elterngesprächskreise zu frühkindlichen Themen an, oder richten Sie ein Elterncafé ein.

Die ersten Lebensjahre des Kindes sind für Eltern spannend, aufregend – und natürlich mit vielen Fragen behaftet, erst recht, wenn es sich um das erste eigene Kind handelt. Eine Menge neuer Aufgaben kommen auf sie zu, Unsicherheiten entstehen, und der **Wunsch nach einem Austausch mit anderen Eltern oder mit pädagogischen Fachkräften** ist groß. Typische Gedanken, die Eltern beschäftigen, sind: Geht es anderen Eltern auch so wie mir? Entwickelt sich mein Kind gut (optimal)? Was kann ich als Mutter/Vater tun, um mein Kind zu fördern? Muss ich mir Sorgen machen, wenn mein Kind sich so verhält?
Erziehungskooperation bedeutet auch, **Eltern mit ihren Fragen und Sorgen ernst zu nehmen.** Je sicherer die Eltern im Umgang mit ihrem Kind sind, je verlässlicher, wertschätzender, zugewandter und verständnisvoller sie auf dessen Bedürfnisse eingehen können, desto besser wird sich das Kind entwickeln können. Wenn Eltern und Erzieherinnen zum Wohl des Kindes Hand in Hand arbeiten, wirkt sich dies immer positiv auf sein Wohlbefinden aus.

Damit sich Eltern in Ruhe über altersspezifische Themen zu ihrem Kind austauschen können, empfiehlt sich das Einrichten von so genannten **Elterncafés** am Nachmittag. Das bedeutet, **dass es in der Krippe einen gemütlichen Ort für Eltern gibt, wo sie mit anderen Eltern von Krippenkindern ins Gespräch kommen können.** Zwischen Tür und Angel kann man sich nicht so intensiv und ungestört unterhalten. Wenn für das Elterncafé **bestimmte Zeiten** festgelegt werden, können sich Eltern gut darauf einstellen.
Bewährt hat sich ein Hinweis in Form von **Flyern** oder **Aushängen,** in denen über Zeiten, Ziele (Beweggründe) und über Spielregeln informiert wird. Diese Spielregeln beinhalten beispielsweise, dass Getränke auf der Basis einer „Kasse des Vertrauens“ bereitstehen.

Manchmal werden Elterncafés von Studentinnen oder Praktikantinnen begleitet, und es finden **Spielangebote, Mitmachspiele** oder **Kindermassagen** unter Anleitung statt. Aktuelle Liedtexte oder Spiele für Kinder werden ausgelegt, die Kinder probieren mit ihren Eltern gemeinsam Spielmaterialien aus oder schauen sich gemeinsam Bücher an. Viele Krippen-Teams nutzen das Elterncafé auch als Gelegenheit, auf **Publikationen und Veranstaltungen** speziell für Krippeneltern hinzuweisen.
Natürlich ist ein Elterncafé genauso gut für den Kindergarten und den Hort geeignet.

Eine weitere Idee, die vielfach erprobt ist, sind thematische **Elterngesprächskreise.** Hier bieten Krippen-Teams entweder am Nachmittag oder am Abend in regelmäßigen Abständen **Themen** an, zu denen entweder eine **Erzieherin** oder eine **externe Referentin** ein kurzes Referat als Einstieg hält. Im Anschluss gibt es eine **Gesprächsrunde,** in der Fragen beantwortet und Erfahrungen ausgetauscht werden. Auch in Form von **Workshops** können Eltern nach einem Referat ins Gespräch kommen.

Neben der Auswahl von elternrelevanten Themen entscheiden eine **frühzeitige Bekanntgabe der Themen und Termine** sowie eine ansprechende **Einladung** über die rege Beteiligung an den Gesprächskreisen.

Hier sind einige Beispiele für Themen, die Eltern interessieren:

- *Jungen sind anders, Mädchen auch!*
- *Sprachentwicklung des Kindes: Wie kann ich mein Kind unterstützen?*
- *Verhaltensoriginelle Kinder*
- *Mein Kind beißt – und nun?*
- *Bildung beginnt von Geburt an – Was heißt das in der Krippe konkret?*
- *Altersgerechtes Spielmaterial und Spielzeug für Unter-Dreijährige*

Ein **Beispiel für eine Einladung zum Elterngesprächskreis** haben wir Ihnen auf der folgenden Seite aufgeführt.

Max spielt mit Puppen – Lisa spielt mit Autos

Erziehen wir unsere Kinder nach Jungen und Mädchen?

Kinder zu erziehen, ist (k)ein Kinderspiel – zumal, wenn es um Mädchen und Jungen geht. Insbesondere als Eltern und PädagogInnen sind wir immer wieder mit vielen Fragen konfrontiert:

Wie erziehen wir unsere Kinder? Gehen wir mit Mädchen anders um als mit Jungen? Wenn ja, warum ist das so? Haben Mädchen und Jungen unterschiedliche Bedürfnisse? Sind „Lillifee“ und „Bob der Baumeister“ das Maß aller Dinge? Welche Rolle spielen wir als Frauen und Männer, Mütter und Väter in der Geschlechtererziehung?

Wir wollen in einem einmal monatlich stattfindenden Gesprächskreis diesen und anderen Fragen nachgehen, dabei steht unsere alltägliche Lebens- und Erfahrungswelt im Mittelpunkt. Es wird keine Rezepte für gelingende Erziehung geben, aber die Gelegenheit, sich auszutauschen und von den Erfahrungen anderer zu profitieren.

Termine: 25.02., 17.03., 21.04., 26.05., 23.06.,
21.07., 25.08., 22.09., 27.10., 24.11.
15.12., jeweils in der Zeit von 18.30 Uhr bis 20.00 Uhr.

Dieser monatliche Gesprächskreis ist kostenlos.

So finden Sie uns:

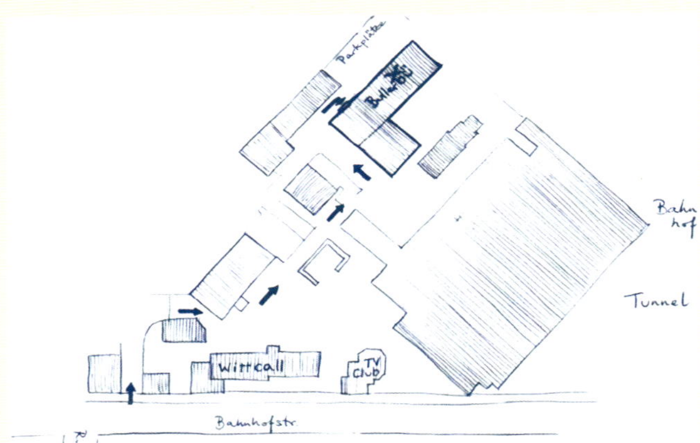

Bitte melden Sie sich vorher an. Die Teilnehmerzahl ist auf 15 Personen begrenzt.

Bullerbü e.V.
Bahnhofstr. 44/45
17489 Greifswald
Tel. (03834) 8556622
Fax (03834) 8556620
E-Mail: bullerbue-mv@freenet.de
www.bullerbue.net

Wir freuen uns auf Ihren Besuch.

Rituale für den Tagesablauf schaffen – Morgenkreis, Begrüßung, Verabschiedung

Kurz und knapp:
Rituale helfen Kindern, sich auf eine bestimmte Situation einzustellen und sich zu orientieren. Sorgen Sie für verlässliche Rituale im Tagesablauf.

Je transparenter bestimmte Abläufe für Kinder sind und je verlässlicher Ereignisse eintreten, desto besser können sich Kinder auf eine neue Umgebung oder eine neue Situation einlassen. Eine wichtige Grundlage für all diese Aktivitäten ist, dass die Kinder sich wohlfühlen. Das heißt zum Beispiel: Schaffen Sie eine angenehme Atmosphäre mit verlässlichen Ritualen in der Bringe- und Abholzeit. Die Art und Weise des Bringens und Abholens ist ein entscheidender Aspekt dafür, ob sich Kinder gut eingewöhnen und sich auf den Tag in der Krippe freuen können.

Die **bewusste Gestaltung** der Übergabe der Kinder beim Bringen und Abholen ist nicht nur für das Kind wichtig. Gerade Eltern erleben diese **Tagesphasen** oft als stressbesetzt. Das Kind weint frühmorgens, „klammert" sich an Mama, und nachmittags „bockt" es und möchte partout nicht mit nach Hause. Dieses kindliche Verhalten verunsichert viele Eltern. Sie fühlen sich schlecht und machen sich Sorgen, dass es ihrem Kind in der Krippe vielleicht nicht gut geht oder dass sie zu Hause etwas falsch machen. Hier ist dringend eine Aufklärung notwendig, zum Beispiel durch einen Elternbrief oder während eines Elterngesprächskreises (siehe Tipp 12).

Es ist normal, dass Kinder sich erst einmal so verhalten. Sie haben für sich noch nicht abschließend geklärt, ob der Besuch der Krippe zu einem täglichen Erlebnis wird, und deshalb „testen" sie, ob die Situation, wie bisher gewohnt, bleibt, indem sie „stören", weinen, schreien etc. In der Regel beruhigen sich die Kinder morgens beim Abgeben innerhalb weniger Sekunden, sobald die Eltern aus dem Sichtbereich verschwunden sind. Dann hat sich das Kind damit arrangiert, dass es Mama und Papa nicht überzeugen konnte, es wieder mitzunehmen.

Manchmal sind Kinder in der Übergabesituation vormittags und nachmittags ein einziges „Fragezeichen". Denn für sie sind grundlegende Fragen ungeklärt, nämlich: **Welche Regeln gelten jetzt gerade?** Die Regeln der Familie oder die Regeln der Krippe? Sie fühlen sich „dazwischen" und finden sich nicht zurecht. Kinder benötigen hier **verlässliche Abläufe, um sich diese Fragen beantworten und sich orientieren zu können.**

Vielerorts hat sich bewährt, dass Eltern gemeinsam mit den Erzieherinnen vereinbaren, wie genau die Bringe- und Abholsituation gestaltet wird. Durch das **Hand-in-Hand-Arbeiten** beider Seiten erlebt das Kind das Zusammenwachsen beider Welten, der Welt der **Familie** und der Welt der **Krippe,** und das gibt ihm die Sicherheit, die es braucht.

Warum sind Rituale überhaupt so wichtig?
Sie bieten den Kindern die Möglichkeit, sich vorab darauf **einzustellen, was als Nächstes im Tagesgeschehen passieren wird.** Wenn zum Beispiel immer vor dem Essen ein Tischspruch aufgesagt wird, dann merkt sich das Kind nach einiger Wiederholung, dass es anschließend etwas zu essen gibt. Studien belegen, dass somit schon vor Sichtbarwerden des Essens ein vermehrter Speichelfluss ausgelöst wird und der Körper sich auf die zeitnahe Nahrungsaufnahme vorbereitet.

Typische Rituale in der Krippe:
- *Gestaltung der Übergabe des Kindes*
- *Morgenkreis*
- *Tischsprüche*
- *Gestaltung der Schlaf- und Ruhezeiten (Einschlafgeschichte, Lied, Massagen etc.)*

Der Morgenkreis – ein besonderes Ritual
In vielen Krippen gibt es seit einiger Zeit den Morgenkreis, ein **tägliches Ritual,** was Kindern ermöglicht, **in der Krippe anzukommen.** Oft sitzen die Kinder auf dem Teppich im Kreis, in der Mitte stehen vielleicht frisch gepflückte Blumen oder eine Schale mit Musikinstrumenten. Jedes Kind wird herzlich **namentlich begrüßt,** gemeinsam wird ein Begrüßungslied gesungen, und die Erzieherin erzählt den Kindern, **wie der Tag heute aussehen wird.**

Wenn Sie einen Morgenkreis initiieren wollen, bereiten Sie zuerst die **Umgebung** vor. Schaffen Sie eine **Wohlfühlatmosphäre,** zum Beispiel durch gedämpftes Licht, gemütliche Kissen, eine Kerze oder leise Instrumentalmusik, ein anderes Mal möglicherweise durch den Einsatz einer Klangschale.
Fragen Sie jedes Kind, wie es ihm geht, begrüßen Sie es namentlich im Kreis. Manche Kinder werden sich anfangs abseits setzen, wollen nicht mitsingen oder nichts erzählen. All das ist natürlich, gerade dann, wenn die Kinder erst eingewöhnt werden. Lassen Sie das Verhalten der Kinder zu, respektieren Sie es, und vermitteln Sie dem Kind, dass Sie es so annehmen, wie es ist, und dass Sie sich freuen, es heute zu sehen.

Ein Morgenkreis zum Wohlfühlen …

Ein **Morgenkreis ist kein starres Ritual,** sondern fein **abgestimmt auf die Bedürfnisse der Kinder.** Berücksichtigen Sie in der Gestaltung die **Jahreszeiten** oder auch die **Wetterlage:** Wenn an einem Montag ein verregnetes Wochenende hinter den Kindern liegt und sie deshalb ihren Bewegungsdrang nicht ausreichend befriedigen konnten, dann bieten Sie an einem solchen Tag zum Beispiel ein Bewegungsspiel zum Toben und Mitmachen im Morgenkreis an.

Achten Sie auch auf die Zeitdauer des Morgenkreises. Jüngere Kinder können sich noch nicht so lange konzentrieren wie vielleicht schon die Zweieinhalbjährigen. Dauert es Kindern zu lang, wird es für sie zu anstrengend, dann wenden sie sich ab und gehen (krabbeln) auf Entdeckungstour. **Stimmen Sie die Gestaltung und den Zeitumfang auf die Entwicklung der Kinder ab.** Wir haben tolle Morgenkreise mit Zweijährigen erlebt, die 25 Minuten dauerten, und die Kinder waren von Anfang bis zum Ende aufmerksam und zugewandt dabei.

… jahreszeitlich angepasst

Der Morgenkreis ist eine Möglichkeit, Kindern täglich auf besondere Weise zu vermitteln:
Schön, dass du da bist!

TIPP 14

Die Eltern regelmäßig informieren – **Aktuelles** aus dem Tagesgeschehen gut präsentiert

Kurz und knapp:
Schaffen Sie Gelegenheiten und Präsentationsformen, um Eltern über das Geschehen in Ihrer Einrichtung zu informieren.

Wenn Eltern ihr Kind in die Krippe geben, lassen sie ihr Liebstes und Wertvollstes bei Ihnen – und das häufig über mehrere Stunden. **Sie wollen sicher sein, dass es dem Kind in dieser Zeit gut geht, wollen wissen, wie es die Stunden erlebt hat,** womit es sich beschäftigt hat und ob etwas Besonderes vorgefallen ist.
Vieles davon erzählen Sie Eltern in den **„Tür-und-Angel-Gesprächen"** beim Abholen, aber nicht immer reicht die Zeit aus – oder die Situation lässt es nicht zu –, dass Sie sich intensiv mit den Eltern austauschen.
Den berechtigten und verständlichen Informationsbedarf der Eltern können Sie leicht durch **zusätzliche Aushänge** befriedigen. Gestalten Sie im Flurbereich in der Nähe des Gruppenraumes eine **Eltern-Infotafel,** auf der Eltern sich zum Tagesgeschehen informieren können. Eine **Wochenübersicht,** in die Sie mittags und nachmittags im Nachhinein eintragen, was Sie vormittags und nachmittags mit den Kindern erlebt haben, wirkt Wunder!

Auf der nachfolgenden Seite finden Sie ein **Beispiel** für eine mögliche **Wochenübersicht** fürs Schwarze Brett.

Wochenübersicht vom _________ bis _________					
	Montag	**Dienstag**	**Mittwoch**	**Donnerstag**	**Freitag**
wichtige Hinweise					
Tätigkeiten der Kinder					
Anmerkungen					

Hängen Sie an der **Eltern-Infotafel auch aktuelle Liedtexte** oder **Spiele** aus, damit Eltern wissen, womit sich ihr Kind gerade beschäftigt, welches Lied es vor sich hin trällert oder was es gern spielen möchte. Eltern finden es schade, wenn sie das Lied nicht kennen, das ihr Kind abends gemeinsam mit ihnen singen möchte.
Durch das Aufgreifen von Liedern und Spielen aus der Krippe im familiären Rahmen erlebt das Kind erneut die Einheit zwischen Familie und Krippe und kann darüber hinaus Erlerntes festigen.

Bringen Sie an der Infotafel außerdem eine **Zettelbox mit Stift an, damit sich Eltern etwas abschreiben können.** Oder bieten Sie als Service an, Liedtexte und Spiele zu kopieren (kostenlos oder gegen eine Gebühr). Beachten Sie dabei bitte die GEMA-Richtlinien für Kitas.

TIPP 15

Mit den Eltern im Gespräch bleiben – regelmäßige **Entwicklungsgespräche**

Kurz und knapp:
Führen Sie regelmäßig mit Eltern Gespräche über die Entwicklung ihres Kindes durch.

Wie unter Tipp 11 kurz benannt, dienen Entwicklungsgespräche zum einen dazu, das jeweilige **Kind besser kennen und verstehen zu lernen,** zum anderen aber auch der engen **Zusammenarbeit zwischen Elternhaus und Krippe.** Je intensiver und ehrlicher Erzieherinnen und Eltern miteinander kommunizieren, desto besser können beide Seiten positiv auf die Entwicklung des Kindes einwirken. Das Kind fühlt sich verstanden, angenommen und liebevoll umsorgt. Es spürt, dass Eltern und Erzieherin gemeinsam schauen, was es braucht, wie sie ihm helfen und es unterstützen können.

Entwicklungsgespräche finden in der Regel **ein- oder zweimal im Jahr** statt. Bei kleinen Kindern unter drei Jahren empfiehlt sich eine Häufigkeit von mindestens zweimal jährlich, da in diesem Alter die Entwicklung rasant verläuft. Innerhalb eines halben Jahres werden eine Vielzahl von neuen Kompetenzen, Fertigkeiten und Fähigkeiten des Kindes sichtbar. Die **Zeitdauer** eines Entwicklungsgespräches **variiert zwischen einer und zwei Stunden.** Das ist unter anderem auch abhängig vom **Gesprächsbedarf der Eltern.**

Wichtig:
*Ein Entwicklungsgespräch will **gut vorbereitet** sein, damit es gelingt. In der **Übersicht auf der folgenden Seite** finden Sie daher einige wichtige Hinweise dazu, was Sie bei einem Entwicklungsgespräch berücksichtigen sollten, damit Sie es gezielt führen können.*

Auf **Seite 48** finden Sie außerdem ein **Beispiel** für die **Einladung zum Entwicklungsgespräch.**

Auf einen Blick – Hinweise zur Vorbereitung eines Entwicklungsgespräches:

- Stimmen Sie langfristig feste Gesprächstermine mit Eltern ab, zum Beispiel durch Aushänge, in die sich Eltern eintragen können.
- Laden Sie die Eltern zu dem Gespräch ein. Eine schriftliche Einladung zeigt Wertschätzung und Ernsthaftigkeit. („Es ist mir wichtig.“) Ein Beispiel finden Sie im Anschluss an diese Hinweise.
- Informieren Sie die Eltern im Voraus (zum Beispiel in der Einladung oder in einem separaten Elternbrief) über die geplanten Inhalte des anstehenden Entwicklungsgesprächs.
- Beginnen Sie spätestens zwei Wochen vor dem Gesprächstermin mit der inhaltlichen Vorbereitung. Machen Sie sich Notizen. Schreiben Sie sich alle Dinge auf, die Sie den Eltern mitteilen möchten, und überlegen Sie sich eine Reihenfolge.
- Sichten Sie das Portfolio des Kindes, und notieren Sie sich Ihre Rückschlüsse, die Sie daraus bezüglich der kindlichen Entwicklung ziehen. Achten Sie darauf, dass Sie alle Rückschlüsse gegenüber Eltern begründen können.
- Bitten Sie Kolleginnen um die gezielte Beobachtung des betreffenden Kindes. Dadurch erhalten Sie zusätzliche Informationen zum Kind aus einem anderen Blickwinkel als Ihrem eigenen.
- Halten Sie Fotos und/oder Videos bereit, um Eltern die Entwicklung des Kindes gut und nachvollziehbar veranschaulichen zu können.
- Wählen Sie einen geeigneten Raum aus, und bereiten Sie diesen vor: Lüften Sie den Raum, organisieren Sie Stühle und einen Tisch, stellen Sie frische Blumen hin.
- Legen Sie Material bereit, um Eltern zu zeigen, womit ihr Kind aktuell spielt.
- Sorgen Sie dafür, dass Sie während des Gesprächs nicht gestört werden. Stellen Sie das Telefon stumm. Hängen Sie ein Schild an die Tür: „Hier findet bis 19.00 Uhr ein Elterngespräch statt. Wir bitten Sie um Ruhe.“
- Begrüßen Sie die Eltern freundlich. Formulieren Sie im Vorfeld hinführende Fragen, um Eltern den Gesprächseinstieg zu erleichtern, zum Beispiel: Wie empfinden Sie die Entwicklung von Tim in den letzten sechs Monaten? Was ist Ihnen besonders aufgefallen? Welche Fragen gehen Ihnen dabei durch den Kopf?
- Machen Sie sich Gesprächsnotizen. Fertigen Sie nach dem Gespräch ein Protokoll an. Das ist professionell und hilft Ihnen später, sich an gemeinsame Absprachen zu erinnern.

Liebe Frau Meyer, lieber Herr Meyer,

nun ist Sebastian schon seit sechs Monaten in unserer Krippe. Vieles hat er inzwischen hier erlebt und gelernt. Manchmal macht seine Entwicklung innerhalb von nur wenigen Tagen einen Sprung. Jeder seiner Entwicklungsschritte ist auch für mich eine Freude.

Gern möchte ich mich mit Ihnen über Sebastians Entwicklung in den letzten Monaten austauschen. Sie erleben ihn ja in einer anderen Umgebung und sehen sicherlich noch ganz andere Dinge als ich. Mein Ziel ist es, dass wir weiterhin gemeinsam alles tun, damit sich Sebastian in der Krippe wohlfühlt und sich gesund und glücklich entwickeln kann. Für Ihre bisherige Zusammenarbeit danke ich Ihnen schon einmal an dieser Stelle. Ich lade Sie herzlich ein:

am 17. Mai 2011 von 18.00 Uhr bis 19.00 Uhr
in den Raum 5 unserer Krippe.

Ich freue mich auf unseren Austausch
und verbleibe mit herzlichen Grüßen

Ihre Susanne Schlüter

Was Erzieherinnen uns berichteten ...

Wir haben Erzieherinnen in dreißig verschiedenen Krippen gefragt, welche **Methoden** sie in ihrer pädagogischen Arbeit anwenden, um Kindern das Ankommen in der Krippe zu erleichtern, und mit welchen Methoden sie **besonders gute Erfahrungen** gemacht haben.
In den folgenden Übersichten zeigen wir exemplarisch einige Antworten. Sie können sie als eine Art **Checkliste** verstehen:

Mit welchen Mitteln und Methoden helfen Sie den Kindern, sich einzugewöhnen und sich dauerhaft bei Ihnen „wie zu Hause" zu fühlen?

- *genügend Zeit für Kinder und Eltern nehmen*
- *Eltern füllen Fragebogen zu ihrem Kind aus*
- *Auflistung aller Sachen, die mitzubringen sind*
- *Gruppenstärke wird in der Eingewöhnungsphase verringert*
- *vier Wochen Eingewöhnungszeit*
- *liebevolle und ruhige Atmosphäre*
- *Zettel an der Tür: „Eingewöhnung – bitte nicht stören"*
- *Schnuppertage im Voraus*
- *genaues Beobachten des Kindes*
- *„Übergangshelfer" (zum Beispiel ein Kuscheltier)*
- *feste Rituale (zum Beispiel beim Essen oder beim Wickeln)*
- *kein Drängen des Kindes*
- *Informationen von Eltern geben lassen, womit ihr Kind beruhigt werden kann*
- *regelmäßige Abläufe*
- *Kennenlern-Nachmittag im Voraus*
- *Zeitdauer langsam und schrittweise erhöhen*
- *den ersten Trennungsversuch sehr sensibel und sehr kurz gestalten und ganz langsam Zeitdauer der Trennung erhöhen*
- *stetiger intensiver Austausch mit den Eltern*
- *viel Zeit nehmen für: Essen, Anziehen, Pflege, Spielen*
- *Eingewöhnung im Portfolio dokumentieren*
- *Eltern über die Begriffe „Bindung" und „Beziehung" aufklären*

Wie sind Sie darauf gekommen?

- *Weiterbildungen*
- *Literatur*
- *eigene Erfahrungen (viel ausprobiert und verworfen)*
- *Berliner Eingewöhnungsmodell*
- *Fachberatung*
- *Austausch mit Kolleginnen*

Welche Erfahrungen haben Sie damit gesammelt?

- *Eltern spüren, dass man sich Zeit für das Kind und für sie nimmt.*
- *In ruhiger und liebevoller Atmosphäre können Kinder ihre neue Umgebung und die neue Bezugsperson kennenlernen.*
- *Sichere Bindung entsteht bei viel Zeit und bei einer schrittweisen Annäherung.*
- *Die Entwicklung des Kindes bzw. die Entwicklung des Bindungsaufbaus bestimmt das Tempo der Eingewöhnung.*
- *Vorinformationen über das Kind sind unbedingt notwendig.*
- *Jedes Kind gewöhnt sich anders ein, manche brauchen mehr Zeit.*
- *Eltern sind dankbar für Gespräche, Erklärungen, Fragen.*
- *Eltern in ihren Bemühungen zu bestätigen, baut Vertrauen auf.*
- *Die Erzieherin ist Begleiterin und gesteht dem Kind seinen Rhythmus zu – dann wird alles gut.*

Was ein Vater uns berichtete …

Leider sieht die Eingewöhnungsphase von Krippenkindern nicht immer so aus wie im vorliegenden Buch empfohlen. Unsere Beweggründe, Tipps und Hinweise zur Eingewöhnung zu verfassen, lassen sich auch an dem hier abgedruckten **Erfahrungsbericht** eines Vaters gut nachvollziehen.
Wir lassen seinen Bericht unkommentiert stehen, weil Sie nach der Lektüre der voranstehenden Kapitel **das folgende Eingewöhnungsbeispiel sicherlich für sich selbst einschätzen und bewerten** können.

„Eingewöhnung? Ich berichte mal, wie das bei unserer Tochter ablief:

Es fand kein Vorgespräch mit uns statt, in dem uns die Kita-Konzeption erklärt wurde, geschweige denn, man lernte im Vorfeld die Betreuerin oder den Ablauf der Gruppe kennen. Weder wurde über Vorlieben oder Fähigkeiten von Lisa gesprochen, noch über Dinge, die sie nicht mag. Die Kita-Leiterin nahm sich lediglich die Zeit, uns die amtlichen Schritte zu erklären.

Nachdem wir den Kita-Platz erhalten haben, informierte uns die Leiterin darüber, an welchem Tag wir zu welcher Uhrzeit erscheinen sollten. Sie hatte mit der Gruppe selber aber nichts zu tun.

Am ersten Tag ging meine Frau mit unserer Tochter in die Kita, man sagte ihr ‚Guten Morgen', und auf die Frage meiner Frau, was sie denn jetzt tun solle, antwortete ihr eine Erzieherin, dass man sich jetzt mit Lisa und den anderen Kindern beschäftigen kann. Mit ‚man' war wohl meine Frau gemeint. Es gab keine verantwortliche Person für die Eingewöhnung. Nach zwei Stunden fragte meine Frau, ob sie jetzt mit Lisa gehen könnte. Antwort: Ja klar, das reicht wohl fürs Erste! Es erfolgte durch keine der Betreuerinnen ein Versuch, sich mit Lisa zu beschäftigen oder ein Verhältnis zu ihr aufzubauen.

Am zweiten Tag war ich auch mit dabei. Man wurde einfach auf den Teppich gesetzt und seinem Schicksal überlassen. Niemand hat etwas über die Kita berichtet, und Fragen, die wir zum Tagesablauf und zu Verantwortlichkeiten hatten, wurden kurz und knapp beantwortet. Ansonsten haben wir gar keine Resonanz bekommen.

Nach vier Tagen mit gleichem Verlauf fragte meine Frau nach, ob sie denn jetzt vielleicht mal weggehen sollte, um zu schauen, ob Lisa auch alleine klarkommt. Die Antwort lautete: ‚Das müssen Sie selber entscheiden.' Das war nicht bösartig oder so, aber meine Frau war total verunsichert. Ich frage mich: Haben die da eigentlich eine pädagogische Ausbildung, oder mutmaßen sie nur irgendwas?

Dann kam der Tag der ersten Vollernährung mit Mittagessen usw. Am Folgetag hatte Lisa leicht flüssigen Stuhl. Meine Frau machte den Fehler, davon zu berichten, als sie Lisa in der Kita abgeben wollte, um zur Arbeit zu fahren. Antwort: ‚Sie dürfen das Kind mit Durchfall nicht hierlassen.' Diese Aussage erfolgte ohne jegliche Erklärung, wie zum Beispiel, das Essen in Erwägung zu ziehen.

Bis heute wissen wir nichts über den Werdegang von Lisa in der Kita. Wir wissen auch nicht, ob sie wie zu Hause auf den Topf gesetzt wird oder ob sie lernt, selbstständig zu essen und zu trinken. Unserer Einschätzung nach passiert das nicht. Wir würden auch gern mal wissen, wie oft die Kinder draußen sind und was sie den ganzen Tag lang so machen. Manchmal vertrauen wir den Aussagen über das Rausgehen nicht, weil alle Sachen unserer Tochter exakt wie am Morgen daliegen. Und es kommt immer wieder vor, dass nur eine Erzieherin mit 15 Kindern in der Gruppe ist. Das ist zwar eine gemischte Gruppe, aber da sind viele Krippenkinder dabei.

Wir überlegen, ob wir uns eine andere Kita suchen, weil wir kein gutes Gefühl haben."

Ein paar Worte zum Schluss

Während des Schreibens dieses Buches haben wir, die Autorinnen, uns gefragt: Wie war das eigentlich bei uns damals? Wir haben begonnen, unsere eigene Kindheit zu erinnern, haben unsere Eltern gefragt und mit gleichaltrigen Freunden gesprochen. Dabei wurde deutlich: In den 1970er Jahren der DDR wurden Jungen und Mädchen – den damals gesetzlich festgelegten Zeiten für Erziehungsurlaub entsprechend – in den meisten Fällen bereits in einem Alter von wenigen Wochen bis zum ersten Lebensjahr in die Krippe gegeben. In der Regel gab es vorher weder einen Besichtigungstermin noch ein umfangreiches Aufnahmegespräch. Häufig haben die Eltern und das betroffene Kind die Einrichtung vor dem ersten Betreuungstag nicht gesehen, geschweige denn die zukünftigen Bezugserzieherinnen kennengelernt. Die Eltern brachten das Kind am ersten Tag dorthin, übergaben es den pädagogischen Fachkräften an der Gruppenraumtür, verabschiedeten sich und gingen. **Das Kind musste allein zurechtkommen, in vielen Fällen tat es das nicht.** Das berichteten uns auch damalige Eltern, die sehr darunter litten, dass ihr Kind jeden Tag über Wochen weinte, wenn sie es in die Krippe oder den Kindergarten brachten.

Auch auf dem Gebiet der Bundesrepublik wurde in den 1970er Jahren der Wechsel von der Familie in die Kita – hier meist erst ab dem dritten Lebensjahr des Kindes – ebenfalls nicht sensibel genug begleitet. Die Erkenntnisse der Entwicklungspsychologie waren vor vierzig Jahren auf einem anderen Stand. Heute wissen wir, **wie wichtig eine sichere Bindung für die gesunde Entwicklung des Kindes ist.** Und eine solche Bindung braucht ein Kind zu seiner neuen Bezugsperson in der Kita genauso wie zu seinen Eltern. **Das wiederum braucht Zeit und Einfühlungsvermögen.** Wir hoffen, dass wir Ihnen in diesem Buch gute Tipps geben konnten, wie Sie einem (neuen) Kind, das Sie betreuen, Sicherheit, Vertrauen und vor allem ein bestimmtes Gefühl geben können: *Du bist hier willkommen, Du gehörst hierher, ich freue mich auf Dich!*

Danksagung

Wir sagen Dankeschön. Für die Erlaubnis zu fotografieren,
Fotos zu veröffentlichen und für das Ausfüllen unseres Fragebogens bedanken wir uns herzlich bei:

Bullerbü e. V., Greifswald
Familie Leifer, Kühlenhagen
Familie Voigt, Rostock
Kita „Abenteuerland", Neu Boltenhagen
Kita „Goedeke-Micheel", Bergen auf Rügen
Kita „Kleine Wiesenhüpfer", Patzig auf Rügen
Kita „Regenbogenhaus", Bergen auf Rügen
Kinderbetreuungseinrichtung „Rosengarten", Greifswald
Kita „Schlaumeier", Bubkevitz auf Rügen
Kita „Stadtknirpse", Bergen auf Rügen
Nadine Franze und Ingo Merten, Strausberg
Tagesmutter Heike Parnow, Vierow

Die Autorinnen

Ute Bendt ist Kindheitspädagogin, Fachberaterin für Erzieher/innen und Tagespflegepersonen sowie bundesweit tätige selbstständige Dozentin. Sie war fünf Jahre lang Leiterin einer Reggio-orientierten Kindertagesstätte, bevor sie sich für die hauptberufliche Weiterbildung von Pädagoginnen und Pädagogen entschied.

Claudia Erler ist Kommunikationswissenschaftlerin und arbeitet als freiberufliche Texterin, Lektorin und PR-Referentin in Berlin. Pädagoginnen und Pädagogen bildet sie als Dozentin bundesweit, hauptsächlich zu den Themen Kommunikation und Öffentlichkeitsarbeit, weiter.

Gemeinsam veranstalten die Autorinnen mehrmals jährlich pädagogische Fachkongresse und Fachtage. Einige Seminarthemen führen sie als Dozentinnenteam durch. Außerdem verfassen sie Artikel für überregionale Fachzeitschriften und erarbeiten gemeinsam Curricula für Qualifizierungsmaßnahmen von Kita-Leiterinnen.

Medientipps

Literatur

Behnert, Anja:
Eingewöhnung – Gestaltung der ersten Übergänge.
Praxishandbuch Kinder unter 3: Basiswissen, Umsetzung, Materialien, Ausgabe 12
OLZOG, 07/2014

Bendt, Ute / Erler, Claudia:
Aus bewährter Praxis die eigene Kita-Konzeption entwickeln.
Eine Anleitung in acht Schritten.
Verlag an der Ruhr, 2008.
ISBN 978-3-8346-0412-5

Bendt, Ute / Erler, Claudia:
Spielbudenzauber.
Sinnvolle Raumgestaltung in Kita und Krippe.
Verlag an der Ruhr, 2010.
ISBN 978-3-8346-0636-5

Bertelsmann Stiftung:
Lasst die Kleinen groß!
Verlag das Netz, 2005
ISBN: 978-3-89204-851-7

Bertelsmann Stiftung :
Dreikäsehoch 2004 Kita-Preis zum Thema „Eingewöhnung

Burat-Hiemer, Edith:
Ein gelungener Start in die Kita.
Behutsame Eingewöhnung von 0- bis 3-Jährigen
Cornelsen, 2011
ISBN: 978-3-589-24725-7

BLANKI-Mein-Ich-als-Kind-Buch
ALS Verlag, 2004

Bostelmann, Antje (Hrsg.):
Das Portfolio-Konzept für die Krippe.
Verlag an der Ruhr, 2008.
ISBN 978-3-8346-0413-5

Carle, Ursula / Grabeleu-Szczes, Dana / Levermann, Simone:
Sieh mir zu beim Brückenbauen.
Kinder in Bildungs- und Übergangsprozessen wahrnehmen, würdigen und fördern
Cornelsen, 2007
ISBN: 978-3-589-24550-5

Griebel, Wilfried / Niesel, Renate:
Übergänge verstehen und begleiten.
Transition in der Bildungslaufbahn von Kindern
Cornelsen, 2011
ISBN: 978-3-589-24684-7

Groot-Wilken, Bernd / Warda, Leslie:
Entwicklungsgespräche in Kindergarten und KiTa.
Herder, 2007.
ISBN 978-3-451-32086-6

Grossmann, Karin / Grossmann, Klaus E.
Bindung und menschliche Entwicklung.
John Bowlby, Mary Ainsworth und die Grundlagen der Bindungstheorie
Klett-Cotta, 2003
ISBN: 978-3-608-94321-4

Jacobs, Dorothee:
Kreative Dokumentation.
Cornelsen, 2006.
ISBN 978-3-589-25418-7

kindergarten heute spezial
Vom Säugling zum Schulkind – Entwicklungspsychologische Grundlagen
Herder, 2004
ISBN: 978-3-451-00099-7

Krenz, Armin:
Beobachtung und Entwicklungsdokumentation im Elementarbereich.
Olzog, 2009.
ISBN 978-3-7892-1749-4

Laewen, Hans-Joachim / Andres, Beate / Hédervári,.Éva:
Die ersten Tage – ein Modell zur Eingewöhnung in Krippe und Tagespflege.
Cornelsen, 2013.
ISBN 978-3-589-24730-1

Lingenauber, Sabine / von Niebelschütz, Janina L.:
Das Übergangsbuch.
Cornelsen, 2010.
ISBN 978-3- 589-24513-0

Oberheiden, Marion:
Praxis Kindertagespflege: Eingewöhnung.
Cornelsen, 2014
ISBN: 978-3-589-24817-9

Ostermayer, Edith:
Start in die Kinderkrippe
Don Bosco, 2010
ISBN: 978-3-7698-1839-0

Textor, Martin R. (Hrsg.):
Erziehungs- und Bildungspartnerschaft mit Eltern. Gemeinsam Verantwortung übernehmen.
Herder, 2006.
ISBN 978-3-451-28945-3

van Dieken, Christel
Ganz nah dabei – Eingewöhnung von 0- bis 3-Jährigen in die Kita
Cornelsen, 2012
ISBN: 978-3-589-24760-8

Wolf, Ellen:
Eingewöhnungstagebuch Kindertagespflege.
Tipps und Vorlagen zur Dokumentation
Carl Link Verlag , 2013
ISBN: 978-3-556-06508-2

Internet*

www.familienhandbuch.de
Dieses Internet-Handbuch enthält Beiträge zu Themen der Kindererziehung, Partnerschaft und Familienbildung für Eltern, Erzieher, Lehrer und Wissenschaftler, herausgegeben von Prof. Dr. Dr. Wassilios Fthenakis und Dr. Martin R. Textor.

www.kindergartenpaedagogik.de
Hier finden Sie zahlreiche Fachartikel, Buchempfehlungen etc. zu allen Themen rund um Kita und Krippe.

* Die in diesem Werk angegebenen Internetadressen haben wir geprüft (Stand Februar 2015). Da sich Internetadressen und deren Inhalte verändern können, ist nicht auszuschließen, dass unter einer Adresse ein anderer Inhalt angeboten wird. Wir können daher für die angegebenen Internetseiten keine Verantwortung übernehmen.